THE ART OF EARTH AND FIRE

土与火的艺术

瓷器珍品
PORCELAIN TREASURES

潍坊市博物馆
上海御承堂博物馆　编

文物出版社

图书在版编目（ＣＩＰ）数据

　　土与火的艺术 ： 瓷器珍品 ／ 潍坊市博物馆编 ； 上海
御承堂博物馆编． —— 北京 ： 文物出版社，2018.1
　　ISBN 978-7-5010-5535-7

　　Ⅰ．①土… Ⅱ．①潍… ②上… Ⅲ．①瓷器（考古）
－鉴赏－中国－清代 Ⅳ．①K876.34

　　中国版本图书馆CIP数据核字(2017)第310385号

土与火的艺术——瓷器珍品

编　　者：潍坊市博物馆　上海御承堂博物馆

责任编辑：贾东营

责任印制：陈　杰

出版发行：文物出版社

社　　址：北京市东直门内北小街2号楼

网　　址：http://www.wenwu.com

邮　　箱：web@wenwu.com

经　　销：新华书店

制版印刷：北京图文天地制版印刷有限公司

开　　本：889mm×1194mm　1/16

印　　张：12.25

版　　次：2018年1月第1版

印　　次：2018年1月第1次印刷

书　　号：ISBN 978-7-5010-5535-7

定　　价：248.00元

编 委 会

主　　任：吉树春

副 主 任：蔡暄民

委　　员：（按姓氏笔画为序）

　　　　　王　鹏　王英勋　王国栋　田　彬　田永德　巩世勇

　　　　　朱　英　朱惠林　衣文聪　衣科红　李　强　李宜龙

　　　　　张　晖　张华锋　陈建云　郑正明　郭　伟　葛晓东

　　　　　蔡史印　翟松岩　魏茜茜

主　　编：吉树春

副 主 编：蔡暄民　郑正明

编　　辑：朱　英　唐小红　魏茜茜　于　璐　武夫强　王琳琳

摄　　影：曹　帆　邢永超

序　言

中国，瓷器的故乡。

瓷器，中国的徽章。

四千多年前，当柔软的泥土开始在烈焰中升华，摇身一变，幻化为瓷的刹那，它便为华夏文明生生不息的血脉注入了蓬勃的力量。

从此，它的清脆悦耳响彻了大江南北，它的温婉如玉让世人如痴如醉。上至皇家贵族，下至庶民百姓，人们的祈求与希望、现实与梦想，都在其中，自由徜徉。

从商周原始瓷的萌芽，到东汉成熟瓷的瓜熟蒂落。从魏晋青瓷的"小荷才露尖尖角"，到隋唐"南青北白"二瓷分天下的格局，再到宋代五大名窑的争奇斗艳。从高举海碗豪饮天下的元代青花、釉里红，到大明王朝推陈出新的斗彩、五彩，再到清康雍乾集历代瓷器之大成的珐琅彩、粉彩……

瓷器沿着一条不断递进的脉络，根植于华夏八方水土，蕴生出万般造化，开出了无数晶莹绚丽的花朵。而它又穿过了大漠孤烟和驼背上的颠簸冲撞、穿过了瀚海万里和甲板上的跌宕沉浮，以威仪四方的光芒，将华夏文明辐射至世界的角落，与丝绸、茶叶一起，成为中国数千年文明史和中外文化交流的见证，如奏响一曲抑扬顿挫的乐章，一唱三叹，至今余音绕梁不绝。

当昔日的锦绣，都化作了云烟，而它却穿云破雾，在喧嚣的尘世中，依然展示着不变的宁静隽永，令人仿佛嗅到了曾经落英缤纷的清雅芬芳，依稀听到了疏影横斜的诗情绝唱，那一刻，仿若永恒。

岁月轮转，如今当它已成为崇高与财富、地位与品位的象征时，如何让这"养在深闺人未识"的大家闺秀，走出"庭院深深深几许"的阁楼，掀开"犹抱琵琶半遮面"的面纱，最终"飞入寻常百姓家"，正成为国人日益增长的精神文化需求，化作的殷殷期望。

习总书记在不同场合也多次强调："文物承载灿烂文明，传承历史文化，维系民族精神，是老祖宗留给我们的宝贵遗产，是加强社会主义精神文明建设的深厚滋养"，要"让文物说话、把历史智慧告诉人们，激发我们的民族自豪感和自信心"，要"让收藏在博物馆里的文物、陈列在广阔大地上的遗产、书写在古籍里的文字都活起来"。

博物馆是文物收藏与保护的殿堂，传承与弘扬中华民族优秀传统文化的脊梁，也是一个城市乃至一个国家的"金色名片"。让瓷器这样的文物活起来，让它蕴含的价值融入现实的生活，让它绚烂的光芒照进当代，传承未来，已成为其时代发展的要义。

潍坊市博物馆作为国家一级博物馆，此次与上海御承堂博物馆倾心合作，在撷取各自馆藏瓷器精粹，成功联合举办《土与火的艺术——瓷器珍品展》的基础上，进而编写完成《土与火的艺术——瓷器珍品》一书，既是我们深入践行习总书记"让文物活起来""把博物馆带回家"等一系列指示批示精神的重要举措，也是我们两馆之间以瓷器联姻，突破地域限制，实现聚力共赢、抱团发展的又一次积极尝试。

书中共收录两馆珍藏的精美瓷器98件（套），以图文并茂的形式，展示了中国瓷器的万千姿态和让世人叹为观止的美。

第一部分为"幻化之美·瓷器艺术"，收录了上海御承堂博物馆藏瓷器珍品41件（套）。此中，既有在G20峰会上，独显国魂瓷韵，受到万众瞩目的雍正款红釉葫芦瓶、乾隆款珐琅彩九龙大盘等；也有定窑白釉印花鱼藻纹盘、乾隆御题诗郎窑红穿带瓶等大繁若简的颜色瓷；还有蓝釉海水白龙纹铺首罐、成化款斗彩鸡缸杯等有"瓷上繁花"之称的彩瓷。琳琅满目，尽是瓷中瑰宝。

第二部分为"沧桑积淀·清瓷撷珍"，收录了潍坊市博物馆藏部分清代瓷器精品57件（套）。当中，既有如清雍正白釉鹿头尊、清乾隆青花赏瓶等一身皇家贵气的官窑瓷器，也有清康熙青花《滕王阁序》笔筒、清乾隆蓝釉描金凤尾尊等蕴育众生之态的民窑精品。庙堂之风，万民之相，皆入其中。

随着《土与火的艺术——瓷器珍品》的编写完成，书中那一件件精美绝伦的古瓷，将在岁月的流光溢彩中，承载着历史、文化与艺术的多重价值，在与读者的时空对话中，鲜活了生命，辉煌了曾经，也传承着中华民族优秀的历史的血脉，万古长流。而习总书记"让文物活起来""把博物馆带回家"的殷殷期望，也将会化作一抹温暖的阳光，照进百姓生活的的现实，成为伸手便可触摸的历史记忆。

潍坊市博物馆馆长　吉树春

目　录

第一部分　幻化之美 · 瓷器艺术
——上海御承堂博物馆藏瓷器珍品

第二部分   沧桑积淀·清瓷撷珍
——潍坊市博物馆藏部分清代瓷器

第一部分

幻化之美·瓷器艺术

上海御承堂博物馆藏瓷器珍品

开 篇 语

China，中国；china，瓷器。

瓷器，是中华民族历史与文明的珍贵记忆，世世代代制瓷人智慧与汗水凝聚升腾的结晶，它渗透于国人的日常生活与文化、信仰之中。作为一种灵性之器，瓷器具有火的炽烈、水的优雅、土的敦厚，它传递着华夏民族的天地观、人生观、宗教观与审美观。

《幻化之美·瓷器艺术——上海御承堂博物馆藏瓷器珍品》以独特的手法探寻瓷器的艺术魅力，淋漓尽致地展示它的造型与装饰之美。大繁若简的颜色釉瓷恰似高冷矜持的少女，含蓄冰洁，耐人寻味；繁华至极的彩瓷犹如仪态万千的少妇，高贵绚烂，富丽堂皇。它们代表了瓷器艺术两种迥然不同的风格和审美，恰如东方茉莉散发着清雅高贵的悠然芬芳。

瓷器，土与火的激情碰撞！

瓷器，瓷之魂——"中国人的灵魂底色"！

第一单元

G20 峰会 · 国魂瓷韵

曾几何时，中国瓷器，作为一种商品，踏出国门，全面持久地影响了西方文明，对其进行了一次隆重的东方洗礼。

瓷器，让世界认知了中国！

当代，中国经济的发展，成为低迷世界经济中的一匹领头快马。刚刚结束的 G20 杭州峰会，让世界见证了中国！

瓷器、G20 峰会、杭州就这样交集。

《G20 峰会·国魂瓷韵》部分展出的瓷器珍品即曾展示于 G20 杭州峰会主会场国际博览中心。它们造型优美、制作精湛，并有中西方艺术之交融，或温婉含蓄，或大气磅礴，淋漓尽致地展示了中华民族精神之魂魄，给与会的各国首脑们留下了深刻的印象！

全世界仰慕中国瓷器！

龙泉釉荷叶盖罐

高 24.0、口径 25.0、腹径 34.0、底径 18.0 厘米。

容器。荷叶盖，莲藕形钮，盖面饰缠枝花纹。直口，矮粗颈，丰肩，圆鼓腹斜下收，圈足。施青釉，釉面光亮。颈部刻划莲瓣纹；腹部主题纹饰为云凤纹，近足处饰蕉叶纹。圈足，足沿露火石红涩胎一周。

雍正款红釉葫芦瓶

高 72、底径 27.8 厘米。

陈设观赏器。葫芦造型。小口微撇，溜肩，束腰，上小下大，腹部浑圆，浅圈足。通体施红釉，釉面滋润肥厚，釉质匀净润泽，釉色浓艳沉郁。

该器物又经西方艺术家妙手设计，在器口、腰部及底足处镶接镏金的铜花口、徽章式束带、四足底座，使其在秀美中又增奢华之气。

乾隆款珐琅彩九龙大盘

高 8.0、口径 45.3、底径 27.5 厘米。

陈设器。敞口，浅腹，腹壁较斜直，圈足。珐琅彩装饰。盘沿敷金彩，盘内壁口沿下依次为白地黑彩回纹、绿地白色双重海水纹，以轧道工艺着重表现海水波涛汹涌之意；盘内心，以锥花工艺刻划纤细卷云纹的紫红釉地上，一条绿彩立龙居中，周围八条游龙环绕，头向均朝向中心绿龙；间饰云纹、火珠纹。盘外壁，刻划席纹的紫红釉地上，团寿纹、蝠纹相间排饰，近足处饰海水纹，足外壁饰回纹。底部施白釉，书"大清乾隆年制"青花六字三行篆书款识。

● 知识小链接

【轧道】又称扒花，清乾隆时期创制的新型装饰技法。即在瓷器色地上用一种状如绣针的工具拨划出细如毫芒、宛如锦纹的凤尾状纹，随后在轧道地上绘花卉图案。

【锥花】又称锥拱，此种工艺始于明永乐年间，一直沿用至清。即以尖细的锥状工具在瓷坯表面剔划出龙凤、花草等细线纹饰，再罩釉烧制。

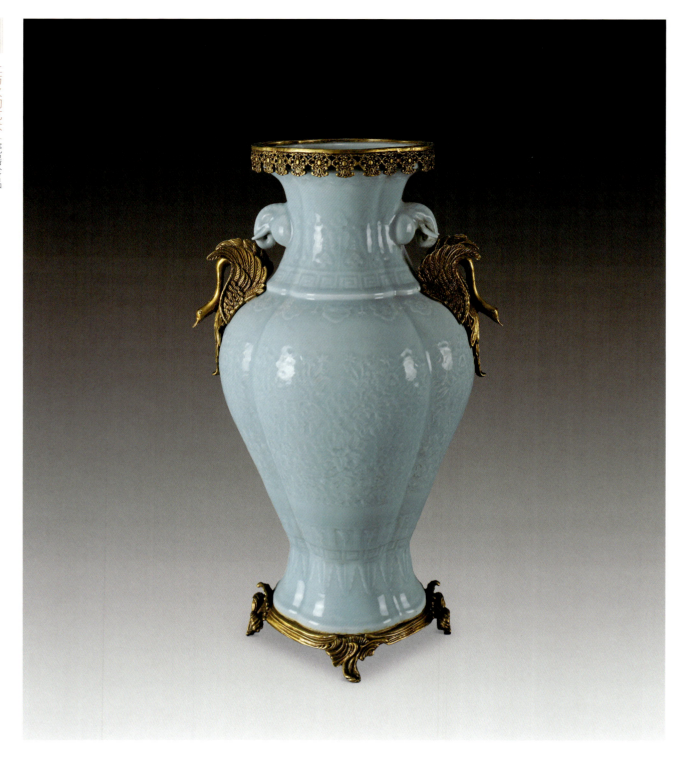

乾隆款天青釉象耳海棠尊

高 59.6、口径 19.5、腹径 28.0、底径 18.9、镶嵌底径 24.0 厘米。

陈设观赏器。器型呈四瓣海棠式。撇口，束颈，溜肩，鼓腹斜下收，最大腹径偏上，圈足外撇。颈部印如意云纹、蕉叶纹、回纹，并饰有两对称的象耳；肩腹部依次为如

意纹、缠枝花卉纹及仰莲纹、回纹；足外壁饰蕉叶纹。圈足足沿一周露胎，器底内印"大清乾隆年制"六字三行篆书方款识。

该器物又经西方艺术家妙手设计，在器口、肩部及底足处镶接镏金的铜花口、天鹅形耳、四足底座。

● 小链接

【瓷器回流】曾几何时，圆明园燃起熊熊战火，那是扼杀与毁灭之火。也就是从这一刻起，被誉为皇家珍宝馆、堪称人类文化宝库的三山五园只剩下残壁断垣，而那些岁月积淀淬炼而成的文明结晶，从此像失去家园的孤魂，流落海外四处飘零。

这些历经百年、千年的皇家精粹，无疑成为当今的珍宝。流失在外的珍宝牵动着无数爱国之人的心，成为他们心中的牵挂。于是有这样一些人，他们怀有保护传承祖国文化遗产的赤子之心，奔波于世界各地，搜寻信息，探查踪迹，或从当年某些八国联军后人之手，或从各大著名拍卖机构之中，不断地将那些遗失海外的御窑遗珍陆续抢购汇拢，漂泊在外的珍宝最终重返这片它们诞生的土地，其文化血脉与它的根再次相连。

第二单元

大繁若简·颜色釉瓷

　　颜色釉瓷，指依靠釉色变化进行装饰而成的瓷器。它种类繁多，包括了青瓷、黑瓷、酱瓷、白瓷、青白瓷等几大类。颜色釉瓷肇始于商代原始青瓷，宋代是颜色釉瓷器烧制的高峰。明清时期颜色釉的主要成就彰显在官窑瓷器上，瓷和种类名目繁多，创新不断。

　　颜色釉瓷经过三千多年的不断改进、衍变，期间产生了许多杰出代表作。在五彩斑斓的世界中，颜色釉瓷因其单纯、清丽、隽永备受世人喜爱。

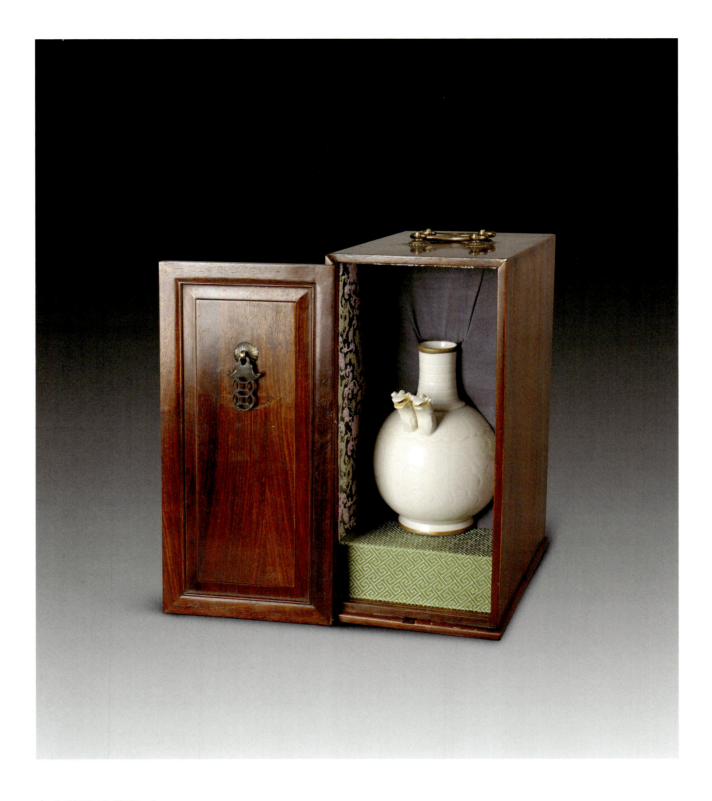

定釉双蛇嘴壶

高 21.2、腹径 14.0、底径 8.9 厘米。

盛器。直口，细高颈，圆肩，圆鼓腹，弯流，曲柄，圈足微外撇。双蛇首状流，蛇首双眼突出；颈部饰数道弦纹，肩、腹部为刻划花瓣纹；柄为双股条形，上有三箍。通体施白釉，口沿、圈足处一同包金。

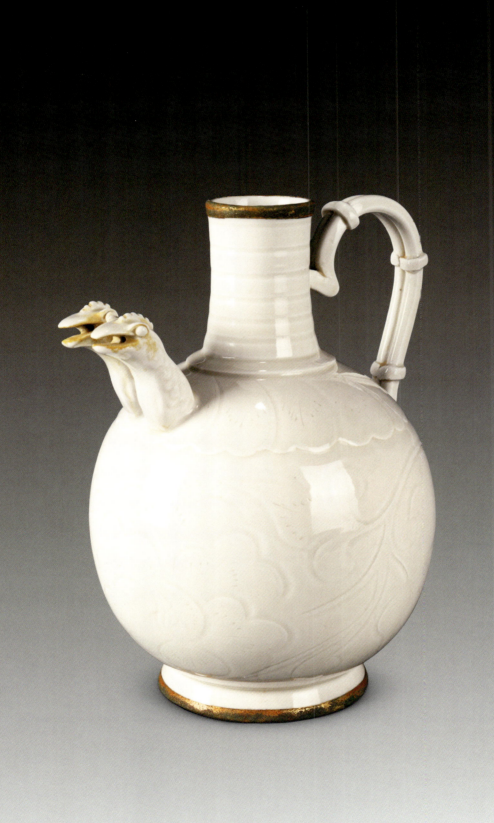

定釉印花鱼藻纹盘

高 4.7、口径 21.0、底径 7.7 厘米。

盛器。圆唇，敞口，曲壁，浅腹，浅圈足。胎体轻薄，胎质细腻。
通体施白釉。口沿一周包银，盘内壁饰回纹、水藻纹，盘心印
三条游鱼和荷花、荷叶纹。器底刻"官"字款识。

汝釉乾隆款御题诗文洗

高 3.4、口径 11.5、底径 7.5 厘米。

文房用具，亦称笔洗。敛口，浅腹，平底。通体施天青釉，色泽青翠，釉面肥莹；遍布细密开片。盘心为金彩书清乾隆帝御题诗："铁足冰纹火气蠲，口分六出体规圆。较于瓶斝犹多见，华者脆知朴者坚。乾隆丙申夏御题"。

讀足水

較大要陽口

入穴出觀規尺

較冷朋莡滿多尺

其春眹知使分歎

乾隆丙申夏

御題圓

官釉方觚

高 26.4、口径 10.0、通宽 14.5、底径 8.9 厘米。

仿青铜觚造型。胎体厚重，器型古拙。方口微外撇，方颈较长，渐收略呈漏斗型，球形腹，高方圈足外撇，腹、足均四周凸起棱戟。通体施青釉，釉质莹润，釉面满布开片纹。圈足底部露胎一周，呈褐色铁足；足底刻"官"楷书方款，款内敷金彩。

哥釉"坤宁宫用"款水仙盆

高 6.0、口径 22.2 ~ 12.8、底径 13.2 ~ 7.0 厘米。

水仙花盆。胎体厚重，胎色深灰。长方形，倭角，中部微收。
口外撇，斜腹，长方形圈足，足沿一周无釉。施青釉，青中泛黄，
遍布开片。器内底后剔釉出字"注天青／色八笺早"，内填金彩，
已脱落。器底以同样手法落"坤宁宫用"款。

哥釉贯耳瓶

高 9.2、口径 1.8、腹径 6.0、底径 3.4 厘米。

容器或陈设器。直口，长颈，溜肩，鼓腹，圈足。口沿下饰对称贯耳。器内外壁均施釉，釉层肥厚滋泽，闪现酥油般光泽，釉面遍布"金丝铁线"开片和气泡。圈足足沿一周无釉，呈黑褐色铁足。

钧釉洗

高 4.4、口径 19.0、底径 8.8 厘米。

文房用具。直口，浅腹弧壁，圈足。蓝釉红斑，红釉少晕散；釉面多鬃眼，遍布开片；外壁施半釉。圈足底部中心有乳突。

● 知识小链接

【宋代五大名窑】宋代五大名窑之说，始见于明代皇室收藏目录《宣德鼎彝谱》，其载"内库所藏柴、汝、官、哥、钧、定名窑器皿，款式典雅者，写图进呈"。清代许之衡《饮流斋说瓷》中说："吾华制瓷可分三大时期：曰宋，曰明，曰清。宋最有名之有五，所谓柴、汝、官、哥、定是也。更有钧窑，亦甚可贵。"由于柴窑至今未发现窑址，又无实物，因此通常将钧窑列入，与汝、官、哥、定并称为宋代五大名窑。

龙泉釉梅子青点彩衔环瓶

高 11.0、口径 10.2、腹径 15.3 厘米。

容器或陈设器。撇口，细高颈，小溜肩，鼓腹，圈足。颈肩处饰铺首衔环耳一对，颈、腹部各有一道凸棱纹饰。通体施梅子青釉，口沿内壁、颈部、腹部以及近足处饰上下交错分布的锈褐色点彩。圈足足沿露胎一周，有火石红痕迹。

● 知识小链接

【龙泉窑】属南方青瓷窑系，在今浙江省龙泉境内。从窑址遗存标本可知，龙泉窑创烧于北宋早期，南宋晚期为龙泉窑的极盛期，龙泉青瓷的代表作品粉青釉、梅子青釉器等在此时烧制成功；元代在烧大件器物的技术上有突破；明中期以后逐渐走向衰落。

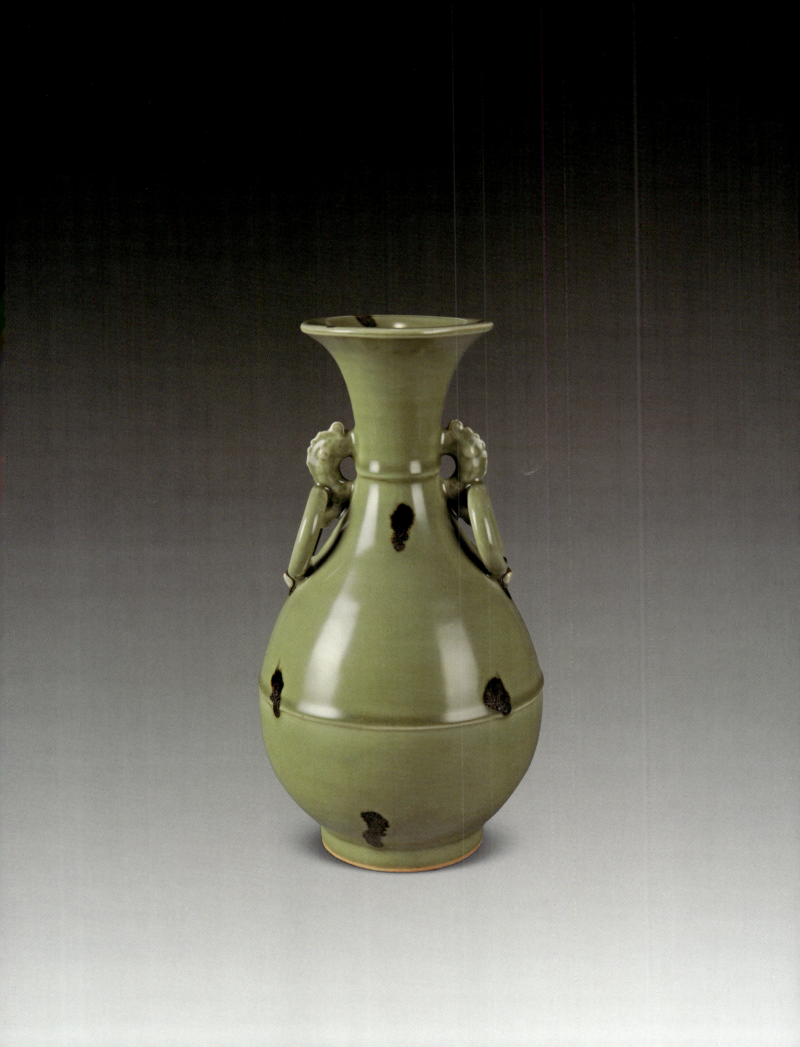

雍正款绿釉橄榄尊

高 23.2、口径 7.5、腹径 15.3、底径 9.5 厘米。

陈设器，又称橄榄瓶。直口，粗颈，溜肩，椭圆形腹，浅圈足。口沿施金彩，通体施水绿釉，釉色清新淡雅。以轧道工艺通体刻饰花叶纹，用笔精细纤柔，深浅相宜。釉底，底部青花双圈内书"大清雍正年制"六字双行楷书款识。

乾隆御题诗郎窑红穿带瓶

高 21.0、口径 5.9、腹径 13.4、底径 9.2 厘米。

陈设观赏器。直口、粗长颈、溜肩、扁圆鼓腹、高圈足外撇，足上有两对称的穿带孔。器外壁施红釉，色泽浓艳，薄而透亮，犹如初凝的鲜血一般。"灯草边"器口，圈足沿处聚厚釉不过足，即"脱口垂足郎不流"。器内

及底部施白釉，圈足足沿一周不施釉。底部以金彩书乾隆御题诗"晕如雨后霁霞红，出火还加微炙工。世上朱砂非所拟，西方宝石致难同。插花应使花羞色，比尽翻嗤画是空。数典宣窑斯最古，谁知皇祐德尤崇。乾隆乙未仲春月御题"，钤"仁德""乾隆"两方阳文印。

● 知识小链接

【郎窑红】为清康熙时仿明宣德宝石红釉特征烧制的一种红釉。因其于 18 世纪始创烧于清督陶官郎廷极所督烧的郎窑，故称"郎窑红"。郎窑红釉以氧化铜为着色剂，经 1300℃ ~ 1320℃ 以上的温度还原焰烧成，釉面玻璃质感很强。釉层凝厚的郎窑红，色泽浓艳如初凝之牛血，故又称为"牛血红"；而釉层薄的，则会出现如鸡血一般的鲜红。郎窑红器在当时非常昂贵，民间有"若要穷，烧郎红"的说法。

乾隆款宝石蓝釉梅瓶

高 26.5、口径 2.1、腹径 20.5、底径 13.4 厘米。

陈设器。造型丰满秀挺。小唇口，短颈，丰肩，敛腹，圈足。
器外壁施宝石蓝釉，发色幽蓝深沉，光泽匀润；器内及底部施
白釉，圈足足沿一周不施釉。底部书"大清乾隆年制"青花六
字三行篆书款识。

乾隆款炉钧釉堆塑龙纹蒜头瓶

高 27、口径 3.1、腹径 13.3、底径 9.2 厘米。

陈设器。蒜头形口、细长颈、鼓腹、高圈足。施炉钧釉，釉层肥厚，釉面温润匀净。颈、腹部分别以黑、金彩堆塑重莲纹、螭龙纹。足外壁堆塑海水纹、乳钉纹，圈足足沿一周露胎。底部印"大清乾隆年制"六字三行篆书款识。

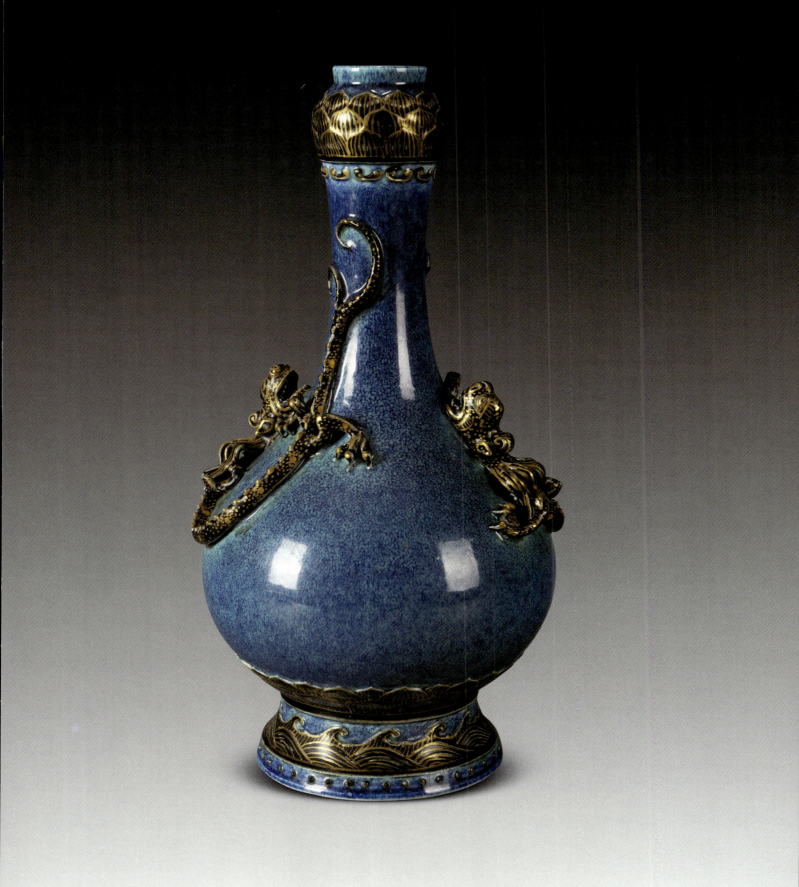

乾隆款天青釉如意云纹洗

高 7.0、口径 11.0、底径 9.0 厘米。

文房用具。圆唇，敛口，圆鼓腹，卧足。天青釉，釉质莹润，
釉色淡雅。口沿、足沿饰金彩，口沿下饰一周如意印纹，凸感
明显。足底为"大清乾隆年制"六字三行篆书款识。

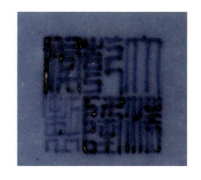

乾隆款蓝釉白菜瓶

高 38.6、口径 4.0、腹径 24.5、底径 13.8 厘米。

陈设器，器型呈白菜状，故名。花撇口，长束颈，球形腹，圈足外撇。通体施蓝釉，釉色莹润，纯净光亮，出筋处蓝色泛白。圈足足沿一周露胎。底部书"大清乾隆年制"青花六字三行篆书款识。

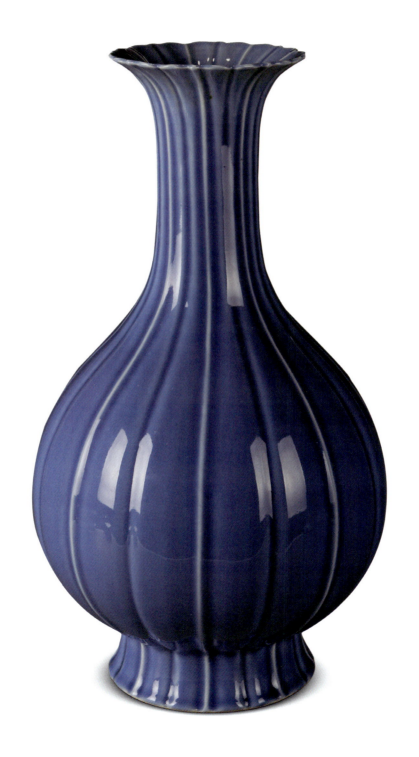

第 3 单元

瓷上繁花·彩绘瓷

  彩绘瓷是指带有彩绘装饰的瓷器，主要分为釉下彩、釉上彩、釉上釉下混合彩等几大类。

  中国彩绘瓷制作历史久远，早在三国时期，即出现釉下点褐彩、褐绿彩的工艺，西晋晚期越窑创烧出釉上点彩。至唐代，湖南长沙窑创烧的青釉加褐绿彩瓷器是真正意义上的釉下彩瓷，同时，著名的釉下彩——青花出现。元明清时期是彩绘瓷得到充分发展的时期，青花、釉里红等釉下彩，珐琅彩、粉彩等釉上彩，五彩、青花加彩等釉上釉下混合彩异彩纷呈。

  彩绘瓷的出现标志着我国制瓷技术有了新的突破，为瓷器的装饰开辟了新的更广阔的空间。

蓝釉海水白龙纹铺首罐

口径 12.0、高 27.3、最大腹径 23.2、底径 12.5 厘米。

盛器或陈设器。唇口，粗颈，溜肩，鼓腹下敛，浅圈足。肩部饰两对称的兽首钮。通体施蓝釉，剔刻海水纹；蓝釉地上以白色泥料贴塑矫健白龙，作昂首翻腾状。底不施釉，旋削痕明显。

青花凤纹摩羯鱼四系方瓶

高 23.2、口径 5.2、腹径 17.7、底径 17.2×7.9 厘米。

盛器。胎体致密厚重。器身呈长方形。小唇口、短颈、弧肩、扁腹、长方圈足。肩部对称饰两对堆塑的摩羯鱼耳。白釉泛青，青花浓艳幽靓。颈部饰蕉叶纹；肩下绘变形如意云纹，内填折枝菊纹；腹部绘一雄一雌两只凤鸟置于山石、牡丹花丛中；侧面各绘如意纹和两组缠枝莲纹。整个画面构图丰满，繁而不乱。圈足及底部不施釉。

该器型与纹饰常见于元代。

釉里红螭龙转心高足杯

高 12.9、口径 11.2、底径 4.6 厘米。

俗称"把杯"。杯体与高足之间嵌有一圆柱形榫，可使杯子转动。撇口、弧壁、深腹、高足柄。杯体与高足以子母榫相衔接，可使杯子自由转动而不脱开。杯身施白釉，内外皆以釉里红斑块装饰，器外壁堆塑两条螭龙。高足呈中空竹节状。

该器型常见于元代釉里红器。

永乐款青花藏文僧帽壶

高 22.7、口径 22.0×14.0、通宽 16.0、底径 8.5 厘米。

壶口形似僧帽，口沿上翘，前低后高，鸭嘴形流，粗颈，鼓腹，圈足；扁曲柄，上作一如意形扳；宝珠钮壶盖。釉色白中泛青，青料晕散。器身分别饰缠枝花卉纹、如意纹、莲瓣纹等。腹下部以青料书一周藏文。圈足露胎一周。釉底，中心为"永乐年制"四字双行花瓣式暗刻篆书款识。

宣德款宝石蓝釉白龙纹碗

高 10.0、口径 21.1、底径 8.9 厘米。

食具。胎体厚重，胎质洁白细腻。圆唇，口微外撇，深腹宽阔，弧壁，圈足。宝石蓝釉，发色深沉。腹壁饰两条相对的行龙，近足处饰仰莲纹。龙纹与莲瓣纹均为留地露胎填白而成。圈足足沿一周露胎，修足规整。足底青花双圈内为 "大明宣德年制" 青花六字双行楷书款识。

宣德款宝石红釉白龙纹碗

高 10.4、口径 14.9、腹径 14.7、底径 8.0 厘米。

食具。敞口，直壁，深腹，圈足。内壁及底部施白釉，外壁宝石红釉地衬托白色的二龙赶珠纹，近足处饰一周仰莲纹，龙纹与莲瓣纹均为留地露胎填白而成。器物足底有"大明宣德年制"六字双行楷书暗刻款识。

● 知识小链接

【宣德宝石蓝釉】宣德时期烧造的上等蓝釉，因其质感凝厚、色泽美艳，犹如蓝色宝石，故有"宝石蓝"之称。深色者多泛黑，浅色者多泛白，均明亮如宝石。

【宣德宝石红釉】宣德朝烧制的一种艳若红宝石的铜红釉。铜红釉，是以氧化铜为着色剂，在高温还原气氛中烧成。元代创烧，明永乐、宣德时期，烧出鲜红匀净的红釉，红色鲜亮，后人称之为"鲜红"、"宝石红"。

成化款斗彩鸡缸杯

高 3.7、口径 8.3、底径 3.5 厘米。

酒具。胎质细腻，薄轻透体。敞口，腹壁斜直，圈足。白釉柔和莹润。外壁以斗彩绘雌雄鸡相伴护雏觅食图，雄鸡引吭而立，雌鸡携幼觅食嬉戏，画面衬以山石、牡丹、幽兰，生动自然。设色有釉下青花及釉上鲜红、叶绿、水绿、鹅黄、姜黄、黑彩等，运用填彩、覆彩、染彩、点彩等技法，施彩于浓淡之间，素艳得兼，尽显写生趣味；彩料透明鲜亮，青花淡雅柔和，二者对比，交相辉映。足底沿一周无釉。底部书青花双框"大明成化年制"六字双行楷书款识。

成化款青花黄蜀葵纹碗

高 5.0、口径 12.0、底径 4.6 厘米。

食具。器体极为轻薄，以脱胎工艺烧制而成。侈口，曲壁，深腹，圈足。器内外壁均绘青花缠枝黄蜀葵纹，碗心饰重瓣花朵，青花发色淡雅清丽。底部青花双圈内书"大明成化年制"青花六字双行楷书款识。

成化款釉里红三鱼纹杯

高 4.4、口径 8.2、底径 3.3 厘米。

杯具。以宝烧工艺制作,胎体轻薄,胎质细腻。敞口、弧壁、深腹、圈足。器外壁绘釉里红游鱼三尾,发色浓艳。足底青花双框内书"大明成化年制"青花六字双行楷书款识。

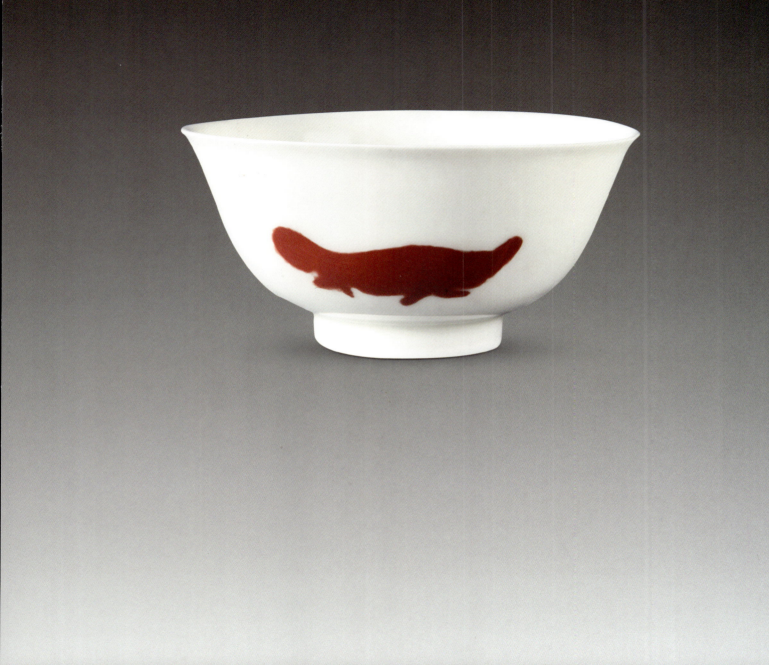

嘉靖款五彩开光麒麟海水鱼藻纹大罐

口径 19.6、高 45.1、腹径 39.4 厘米。

盛器或陈设器。胎体厚重坚致，器型敦实古拙。方唇，直口，粗矮颈，溜肩，圆鼓腹斜下收，最大腹径偏上，平底。五彩为红、黄、蓝、绿、黑、紫等色，色彩浓妍华美。画面纹饰繁缛。口沿饰八宝纹；上下腹部各饰两个相互交错的方形开光。四个开光内分饰色彩各不相同的麒麟一只，左上角则饰凤一只与之呼应；开光外对应的是海水鱼藻纹；另有火云纹、缠枝花纹等相杂其间；近底处饰一周蕉叶纹。口沿下长方形青花框内横书青花"大明嘉靖年制"六字楷书款识。

万历款青花五彩婴戏图梅瓶

高 44.8、口径 7.0、腹径 24.2、底径 13.9 厘米。

陈设观赏器。方唇，直口，束颈，丰肩，鼓腹，腹下收，足部向内斜削，浅圈足，圈足处露胎一周。颈肩部饰蕉叶纹、回纹、几何团花纹及如意纹；腹部以五彩绘婴戏图，描绘儿童游戏的场面，如看花灯、戏线偶、捉迷藏，把儿童的天真烂漫表现得十分传神；近足处饰缠枝花卉纹和变形莲瓣纹。肩部书"大明万历年制"青花楷书六字横款识。

万历款五彩凤纹执壶

高 22、口径 4.6、底径 6.5 厘米。

酒具或茶具。盘口，长颈，鼓腹，长曲柄弯流，圈足，足底沿露胎一周。釉面光洁莹润，五彩发色艳丽明快。唇口下颈部依次饰蕉叶纹、回纹、缠枝莲纹；腹部饰龙凤纹、火纹、云纹等；足壁饰如意纹；器盖、长流及柄部分饰折枝莲纹。足底青花双圈内为"大明万历年制"六字楷书双行款识。

● 知识小链接

【万历五彩】是明代彩瓷中最著名的品种之一，人们往往将"万历五彩"与"成化斗彩"并提，把它视为明代制瓷业的一大成就。万历五彩器型很多，以大器居多，胎质略显粗糙，胎体厚重，色彩浓艳凝厚，色调对比强烈，很多采用开光图案和镂空工艺。

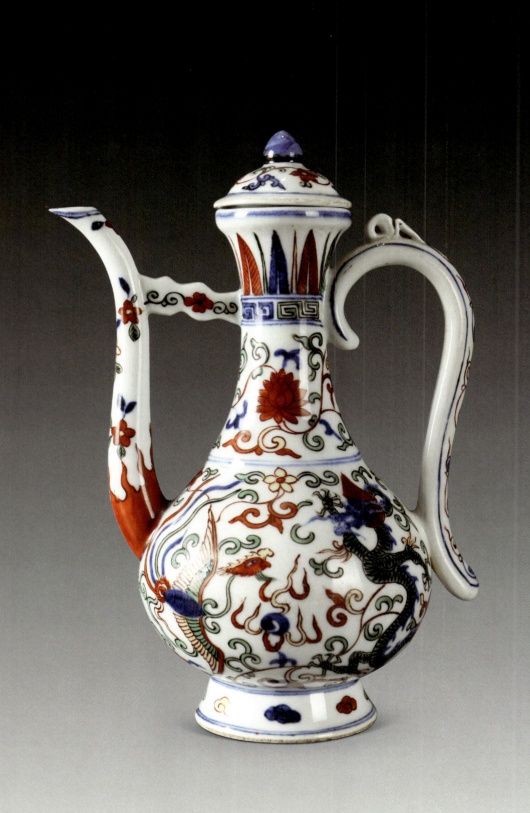

康熙款釉里红三多图长颈瓶

高 31.0、口径 5.7、腹径 18.4、底径 10.5 厘米。

陈设器。侈口，细长颈，溜肩，扁圆垂腹，圈足。白釉泛青，釉里红发色浅淡。口沿下以釉里红饰一周如意纹，颈部饰蕉叶纹、花点纹和如意纹；肩腹部绘折枝佛手、桃子和石榴，寓意多福、多寿、多子。近足处饰仰莲纹。圈足一周露胎，底部书"大清康熙年制"青花六字三行楷书款识。

康熙款素三彩花果纹盘

高 5.0、口径 25.6、底径 17.2 厘米。

盛器。胎体坚硬致密，胎质细腻。圆形，敞口，腹稍深，浅圈足。白釉微泛青。盘内外壁均刻划云龙暗纹；以绿、黄、赭、黑等彩，内壁绘折枝石榴、桃图，外壁绘缠枝花卉；外壁近足处刻划仰莲暗纹。圈足足沿一周露胎，足底微外凸。足底青花双圆圈内，书"大清康熙年制"六字双行楷书款识。

● 知识小链接

　　【素三彩】瓷器釉彩名。在未上釉的素胎上，施以绿、黄、茄紫、白等色低温烧制而成。因色彩中没有红彩，故名。最早的素三彩见于明成化时期，清代素三彩以康熙产品最为名贵。

康熙款五彩折枝花摇铃尊

高 23.3、口径 3.4、底径 7.8 厘米。

插花观赏器。胎体致密，胎质细腻。小口、细长颈、丰肩、弧形腹下敛、圈足微外撇。白釉清亮光润，釉里红发色浓艳。腹壁饰五彩釉里红折枝花，纹饰清雅。足底为青花"大清康熙年制"六字三行楷书款识。

● 知识小链接

【摇铃尊】清代器物造型，因其形似带长柄的铜铃而得名。造型多为小口，直颈，丰肩，弧形或筒式腹，底足微撇，圈足。

雍正款青花釉里红海水龙纹天球瓶

高 58.2、口径 13.5、最大腹径 40.2、底径 18.9 厘米。

陈设器。口微侈，直颈，圆球形腹，平底略内凹。青花发色较浓重沉稳，釉里红则以淡绘手法表现，釉面多橘皮纹。口沿处饰水波纹，器身为海水龙纹，以青花绘波涛汹涌的海水，以釉里红绘怒目翻腾的游龙，气势十足。底部为"大清雍正年制"青花六字三行篆书款识。

雍正款珐琅彩太平有象四方尊

高 45.5、口径 13.8 厘米。

陈设观赏器。方撇口、束颈、方折肩、直腹斜下收、圈足外撇。珐琅彩装饰，酱色釉地，以蓝、黄、紫、粉、松石绿等色绘纹饰。颈部四面均饰相对的两条螭龙口衔西番莲纹；肩部一周如意纹；腹部四面为象驮宝瓶纹与牡丹插花等相间隔分布，近足处为一周内填花卉的仰莲纹；胫部饰缠枝莲纹与回纹。

该器物后又经西方艺术家妙手设计，在器口、颈肩腹部及底足处镶接纯金的花口、西方少女头像饰、四足底座，更增添器物的奢华之气。可谓相得益彰，是一件难得的中西合璧之作！

雍正款珐琅彩蝴蝶纹盘

高 4.5、口径 20.6、底径 12.4 厘米。

盛器。尖唇，敞口，曲壁浅腹，圈足。盘内以珐琅彩绘三组六只蝴蝶，以金彩书"富""贵""吉""祥"四字相间。盘外壁施胭脂红釉。釉底，青花双圈内书"大清雍正年制"六字双行楷书款。

● 知识小链接

【珐琅彩】清康熙朝晚期创烧的宫廷御用彩瓷品种。其制作是将景德镇烧制最好品质的白釉瓷，送至京中清宫造办处，以珐琅彩绘烧制而成。清宫称为"瓷胎画珐琅"。雍正六年以前所用珐琅彩均为西洋进口，彩料有透明的玻璃质感。珐琅彩瓷作为宫廷御用瓷，制作考究，十分珍贵。

雍正款矾红折枝花葫芦水盂

高 4.0、口径 2.4、底径 5.5 厘米。

文房用具，用以盛水。敛口，葫芦形器身，浅圈足。通体以矾红彩绘缠枝花纹。器底书"大清雍正年制"青花六字双行双圈楷书款。

该器物纹饰纤巧秀丽，色彩明快悦目，器形轻巧玲珑。

乾隆款青花缠枝莲纹赏瓶

口径 9.4、高 35.9、腹径 23.0、底径 11.8 厘米。

陈设器。撇口、细高颈、丰肩、圆鼓腹、圈足。白釉釉面亮润，有细微的桔皮釉现象；青花呈色稳定，色调纯正明快。颈部自口沿下依次饰海水纹、如意云头纹、蕉叶纹、回纹各一周；肩部饰缠枝莲纹、如意云头纹各一周；腹部满饰缠枝莲纹，近足处饰一周变形莲瓣纹；圈足外壁饰卷草纹一周。足底为青花"大清乾隆年制"六字三行篆书款。

● 知识小链接

【赏瓶】清雍正时出现的一种新器型，一直延续到清末宣统朝，成为清代官窑传统器型。是皇帝专用于赏赐大臣的物品，多以青花缠枝莲为饰，取其谐音"清廉"之意，以令臣子"为政清廉"。同治朝以后又增添粉彩与单色釉描金等品种，并改称"玉堂春瓶"。

乾隆款青花海水红彩龙纹梅瓶

高 34.8、口径 7.0、最大腹径 24.6、底径 13.0 厘米。

陈设观赏器。侈口，矮颈，丰肩，圆鼓腹斜下收至底，圈足。以青花绘颈部一周蕉叶纹、肩部缠枝花及仰莲纹各一周，腹部满饰青花海水纹，又以珐琅红彩绘九条翻滚腾跃的龙纹。釉底中心以青花书"大清乾隆年制"六字三行篆书款识。

【梅瓶】北宋创烧的一种瓶式，因口之小仅容梅枝而得名。又称"经瓶"。最早是作为酒具出现，后来逐渐演变为陈设品，是深受人们喜爱的传统瓷器造型。

乾隆款仿漆剔红开光双耳瓶

高 18.8、口径 14.0、最大腹径 25.0、底径 16.0 厘米。

陈设器。盘口，长粗颈，斜折肩，直腹，高圈足；颈部饰对称兽耳。该器物为仿漆剔红工艺而成，看上去似可见剔红刀纹形成的漆层，纹饰细节条理清晰，画面极具层次感。通体施朱红釉，色彩沉稳大气。颈部两兽耳之间饰相对的两开光，腹部饰四开光，均为山水楼台人物；口沿外壁、足外壁上端饰回纹，颈部开光外饰锦地纹，肩部、足外壁下端饰四叶纹，腹部开光外饰方形几何纹。底部印"大清乾隆年制"六字三行篆书款识。

第二部分
沧桑积淀·清瓷撷珍
潍坊市博物馆藏部分清代瓷器

开 篇 语

瓷器，作为一种实用与观赏相兼备的品类，自创烧之日起便渗透于人类的生活之中，上至天子可登庙堂，下至黎民可入厅室。

《沧桑积淀·清瓷撷珍——潍坊市博物馆藏部分清代瓷器》部分展出的馆藏清代精品瓷器，既有皇室官家御窑珍品，亦有黎民百姓日用凡器。一件件御窑器倾国倾城，闪烁着尊贵华美的光芒；一件件民用器朴实无华，它们虽不具阳春白雪般的气质，却有人间烟火气息，同样不输本色。

这些历经百年的瓷器精粹，无疑成为当今的珍宝。现在它们正静静地伫立在展橱内，恭迎您的到来与观赏；作为历史的载体，它们也正释放着诸多厚重的信息，期盼您的接纳与释读。

第 1 单元

皇家贵气·官窑瓷器

　　随着世风的日趋奢靡，瓷器风格亦步亦趋走向奇巧与俗艳。斗彩、五彩、粉彩、珐琅彩等各种花团锦簇、姹紫嫣红的彩绘装饰为制瓷业平添了浓墨重彩的一笔。中国瓷器的发展到清代的康熙、雍正、乾隆年间终于达到了最辉煌的时期。

　　康熙朝官窑瓷，规矩中见大气，细致中透精益；雍正朝官窑瓷，脱尘出俗，清雅内敛；而乾隆朝官窑瓷则将奢华繁缛、灵异奇葩挥洒到极致。至此，康乾盛世成就了中国历史上一段跨度最长的盛世年华。此后，制瓷之火仍在燃烧，这中间虽也有过短暂的闪亮，但终究不能媲美曾经的辉煌。

清康熙素三彩折枝瓜果暗龙纹盘

高 4.5、口径 26.1、底径 15.6 厘米。

盛器。圆唇，撇口，腹壁斜直，浅圈足。白釉乳白莹润，素三彩主要为绿、黄、紫等色，呈色纯正。盘身内外均刻暗龙纹为地纹，其上以绿、水绿、娇黄、淡紫等色绘折枝佛手、桃、石榴三朵纹，寓意多福、多寿、多子。圈足底沿露胎一周，底部中心青花双圈内书"大清康熙年制"六字三行楷书款识。

清康熙仿成化斗彩折枝花果纹盘

高 4.2、口径 20.6、底径 13.1 厘米。

盛器。胎体细润洁白，釉面光润。圆唇，侈口，浅腹弧壁，圈足。白釉白中微泛青，青花呈色淡雅。通体以青花勾勒枝干花果的轮廓，再填以浓绿、水绿、娇黄、姹紫、浓红、淡蓝等，诸色相交辉映。盘心饰折枝红果，内外壁均饰折枝花果纹。圈足足沿露胎一周，釉底，底部中心青花双圈内为青花"大明成化年制"六字双行楷书款识。

清乾隆仿官窑青釉瓜棱瓶

高 21.0、口径 8.7、最大腹径 14.5、底径 7.4 厘米。

陈设器。仿宋官窑之作。胎体敦厚，釉面光亮。浅盘形口，粗长颈，扁圆鼓腹，六棱形圈足。通体施天蓝釉，釉面遍布开片，颈部及肩腹衔接处分饰数周凸棱，圈足底沿较宽，呈褐色铁足，釉底中心为青花"大清乾隆年制"六字三行篆书款识。

● 知识小链接

【官窑及官窑瓷】官窑是指由官方营建、主持烧造瓷器的窑厂，其产品专供宫廷使用。北宋正式有了"官窑"的名称，明清两代朝廷在景德镇设厂烧瓷。

明代洪武二年正式设立御器厂。明代官窑内分为管理和生产两大部分。管理部分包括正堂、官署、狱房等。生产部分最大的特点就是分工精细，它以"作"为生产单位（"作"与现代车间有些类似），共分三十二"作"。

清代康熙年间改称御窑厂，基本维持了明代的框架。

官窑瓷，一类即指御窑瓷，专供皇家使用。除此之外，官窑瓷还包括了庞大官僚群体使用之瓷器。这一类瓷器，一般由内务府采办，在景德镇设有专门的督陶官，长年烧造。

清雍正白釉鹿头尊

高 30.5、口径 13.9、腹径 26.0、底径 14.2 厘米。

陈设器。直口，粗颈，溜肩，圆鼓腹，颈部两侧对称置鹿头形耳。通体施白釉，釉面凹凸不平，如同水波浪，也似橘皮样，并有大小不一的开片。口沿及圈足底沿施酱釉。底部印有"大清雍正年制"六字三行篆书款识。

清乾隆仿官窑青釉瓜棱瓶

高 21.0、口径 8.7、最大腹径 14.5、底径 7.4 厘米。

陈设器。仿宋官窑之作。胎体敦厚，釉面光亮。浅盘形口，粗长颈，扁圆鼓腹，六棱形圈足。通体施天蓝釉，釉面遍布开片，颈部及肩腹衔接处分饰数周凸棱，圈足底沿较宽，呈褐色铁足，釉底中心为青花"大清乾隆年制"六字三行篆书款识。

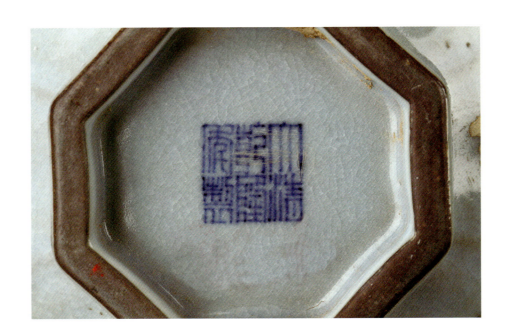

● 知识小链接

【官窑及官窑瓷】官窑是指由官方营建、主持烧造瓷器的窑厂，其产品专供宫廷使用。北宋正式有了"官窑"的名称，明清两代朝廷在景德镇设厂烧瓷。

明代洪武二年正式设立御器厂。明代官窑内分为管理和生产两大部分。管理部分包括正堂、官署、狱房等。生产部分最大的特点就是分工精细，它以"作"为生产单位（"作"与现代车间有些类似），共分三十二"作"。

清代康熙年间改称御窑厂，基本维持了明代的框架。

官窑瓷，一类即指御窑瓷，专供皇家使用。除此之外，官窑瓷还包括了庞大官僚群体使用之瓷器。这一类瓷器，一般由内务府采办，在景德镇设有专门的督陶官，长年烧造。

清乾隆蓝地黄釉二龙戏珠纹盘

高 14.6、口径 25.2、底径 16 厘米。

盛器。圆唇，侈口，曲壁深腹，圈足。青花蓝地发色深沉，黄
釉龙纹，釉色黄中泛绿。盘内心饰立龙戏珠纹，内外腹壁饰顺
向二龙赶珠纹。龙纹间辅以卷云纹、火纹，近足处一周仰莲纹。
圈足底部中心为青花"大清乾隆年制"六字三行篆书款识。

清乾隆青花缠枝莲纹赏瓶

高 36.7、口径 9.6、腹径 23.0、底径 12.0 厘米。

陈设观赏器。撇口，细长颈，圆腹，圈足。青花发色纯正明快。
装饰多重纹饰，自上而下依次为海水纹、如意云头纹、蕉叶纹、
回纹、缠枝莲纹、如意云头纹、缠枝莲纹、仰莲纹、卷草纹等。
腹部缠枝莲纹为双层，足底为青花"大清乾隆年制"六字三行
篆书款识。

清乾隆青花缠枝莲纹赏瓶

高 36.7、口径 9.6、腹径 23.2、底径 12.0 厘米。

陈设观赏器。撇口，细长颈，圆腹，圈足。青花发色纯正沉着明快。
装饰多重纹饰，自上而下依次为海水纹、如意云头纹、蕉叶纹、
回纹、缠枝莲纹、如意云头纹、缠枝莲纹、仰莲纹、卷草纹等。
腹部缠枝莲纹为单层。肩部中间及肩与颈、腹衔接处各饰有一
道凸棱。足底为青花"大清乾隆年制"六字三行篆书款识。

清光绪粉彩百蝶纹赏瓶

高 39.2、口径 9.7、腹径 23.5、底径 13 厘米。

陈设观赏器。撇口，长颈，溜肩，圆鼓腹，圈足。口沿处金彩下饰一周黄地粉彩如意云纹，肩部两道凸弦纹内饰粉彩缠枝莲、"寿"纹、颈、腹部满饰振翅飞舞的彩蝶，胫部为一周仰莲纹。足底部以红彩书"大清光绪年制"六字双行楷书款识。

110

清光绪粉彩云蝠纹荸荠瓶

高 33.3、口径 7.5、最大腹径 25.0、底径 15.2 厘米。

陈设器。直口，长颈，圆鼓腹，圈足。白釉，釉色洁白光亮；
粉彩淡雅柔和。口沿处金彩下饰一周黄地粉彩如意云纹，瓶身
满绘红色蝠纹，其间杂以十字云纹，胫部为一周仰莲纹。釉底
中心以红彩书"大清光绪年制"六字双行楷书款识。

该器物制作极为精细，画风清丽典雅，应是光绪朝的精品之作。

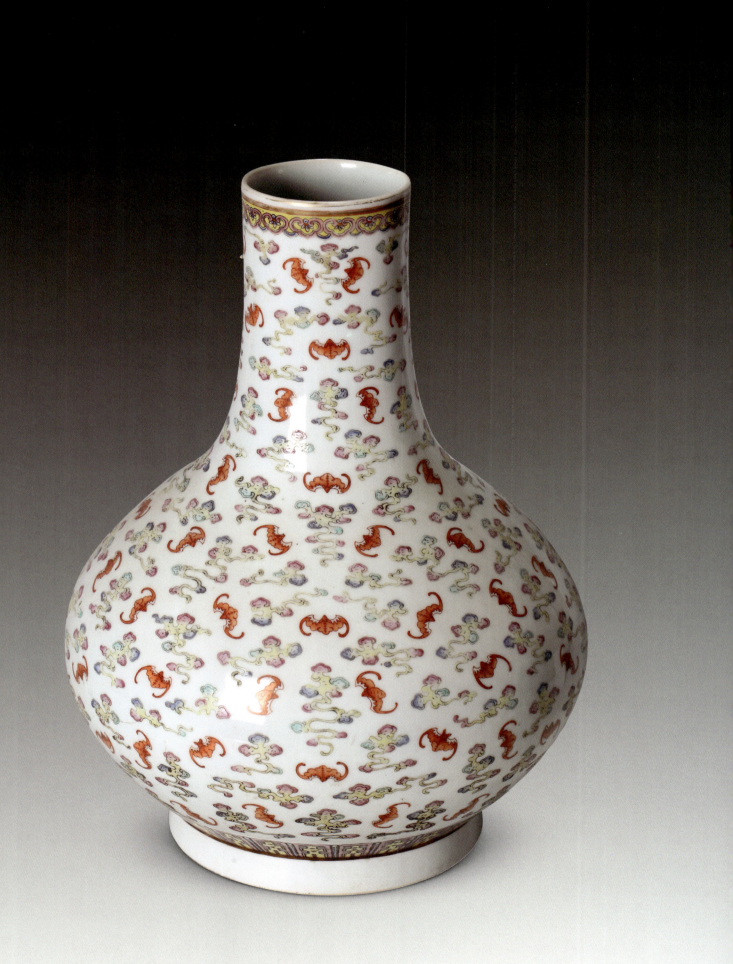

清光绪青花云龙纹盘

高 3.8、口径 18.5、底径 10.9 厘米。

盛器。圈唇，侈口，曲壁深腹，浅圈足。釉面光亮，白釉白中泛青，青花呈色浓艳深沉。盘内心青花双圈内以青花饰立龙戏珠，火云纹环绕其间；盘外壁饰青花游龙追珠纹，火云纹遍布其中。圈足底部中心为青花"大清光绪年制"六字双行楷书款识。

清光绪青花双凤纹盘

高 5.0、口径 26.4、底径 16.5 厘米。

盛器。侈口、浅腹弧壁，圈足。白釉釉色微泛灰青；青花发色浓艳，局部有锈斑。盘内心饰相对的双凤纹，凤纹之间填饰卷云纹。釉底中心为青花"大清光绪年制"六字双行楷书款识。

清光绪青花如意云寿纹盘

高4.8、口径26.5、底径16.6厘米。

盛器。圆唇，侈口，浅腹弧壁，浅圈足。白釉釉色亮白，白中泛青；青花呈色稳定，发色深浓。盘内饰团花变体如意云纹，内壁均等分布八个由篆书变化的艺术体"寿"字纹；盘外壁口沿下饰一周如意云纹，近足处为贯套如意云纹。圈足底沿露胎一周，釉底中心书青花"大清光绪年制"六字双行楷书款识。

清光绪粉彩八宝纹盘

高 5.6、口径 33.8、底径 21.4 厘米。

盛器。敞口，浅腹曲壁，浅圈足。粉彩，内壁口沿下为一周如意云纹；壁饰八宝纹；盘心饰缠枝花卉；外壁饰三组折枝莲纹。底部以红彩书"大清光绪年制"六字双行楷书款识。

● 知识小链接

【督陶官臧应选】清康熙十九至二十七年（1680～1688 年），驻景德镇御窑厂的督陶官员，习惯上将此时的御窑称为"臧窑"。据蓝浦《景德镇陶录》载，臧应选督陶期间，御窑瓷釉色品种甚多，可谓诸色俱备，尤以豇豆红（吹红）、洒蓝（吹青）最为著名。

【督陶官郎廷极】清康熙四十四至五十一年（1705～1712 年），景德镇御窑督陶官，习惯上将此时的御窑称为"郎窑"。其督陶期间主持创烧了郎窑红、郎窑五彩、珐琅彩等名贵品种，尤以仿烧明代宣德和成化窑器而著称。时人刘廷玑《在园杂志》、许谨斋《戏呈紫蘅中丞》诗等，都记述了朗廷极督陶的功绩。

【督陶官唐英】清雍正、乾隆两朝时景德镇御窑督陶官员，在历代督陶官中成就最为卓著。唐英不仅仅是一个管理者，更是一个陶瓷制作工艺的实践者。为潜心研究瓷器制作工艺，他"杜门谢交游"，聚精会神，苦心竭力与工匠"同其息食者三年"，终成陶瓷艺术大师。雍正、乾隆两朝御窑取得的辉煌成就，与唐英的个人奉献是分不开的。乾隆时期的御窑又称为"唐窑"。

第 2 单元

众生之态·民窑瓷器

民窑瓷器诞生于凡尘之中，凸显了凡夫俗子、市井百姓最本真的生活，更具人间烟火气。它立于寻常，紧扣时代脉搏，在民间匠人的创作之下，或有着自由奔放的外形，或刻画着曲折凄婉的画面。它们虽少了官窑瓷器的精美绝伦，但因打破了官窑瓷严格的制式要求，故平添了更多生动清新的气韵。本次展出的馆藏部分清代民窑瓷器精品，为您勾勒出一幅传承画卷，让它们带您感受些许活色生香的百态人生。

是歲十月之望步自雪堂將歸於臨皋二客
從余過黃泥之坂霜露既降木葉盡脱人影在
地仰見明月顧而樂之行歌相答已而嘆曰有
客無酒有酒無肴月白風清如此良夜何客曰今
者薄暮舉網得魚巨口細鱗狀如松江之鱸顧安
所得酒乎歸而謀諸婦婦曰我有斗酒藏之久矣以
待子不時之需於是攜酒與魚復遊於赤壁之下江
流有聲斷岸千尺山高月小水落石出曾日月之幾
何而江山不可復識矣予乃攝衣而上

清康熙青花《滕王阁序》笔筒

高 16.4、口径 18.9 厘米。

直筒型；圆唇，直口，玉璧形底。筒壁以青花书长篇铭文《滕
王阁序》作为装饰。青花发色翠兰微泛紫。底部为青花"大清
康熙年制"六字三行楷书款识。

滕王閣序

南昌故郡洪都新府星分翼軫地接衡廬襟三
江而帶五湖控蠻荊而引甌越物華天寶龍光
射牛斗之墟人傑地靈徐孺下陳蕃之榻雄州
霧列俊彩星馳臺隍枕夷夏之交賓主盡東南
之美都督閻公之雅望棨戟遙臨宇文新州之
懿範襜帷暫駐十旬休暇勝友如雲千里逢迎
高朋滿座騰蛟起鳳孟學士之詞宗紫電清霜
王將軍之武庫家君作宰路出名區童子何知
躬逢勝餞時維九月序屬三秋潦水盡而寒潭
清煙光凝而暮山紫儷驂騑於上路訪風景於
崇阿臨帝子之長洲得仙人之舊館層巒聳翠
上出重霄飛閣流丹下臨無地鶴汀鳧渚窮島
嶼之縈迴桂殿蘭宮列岡巒之體勢

珠山主人書

清青花折枝莲"福""寿"纹菱式碗

高 10.0、口径 19.2、底径 8.1 厘米.

食具。菱花式造型；敞口、深腹、弧壁呈花式凸棱、圈足。青
花发色明艳。内壁口沿饰一周冰梅纹，底心青花双圈内为折枝
莲纹；外壁腹壁上部为一周相间排列的"福"、"寿"、杂宝纹，
腹壁下部饰折枝莲纹。釉底，以青花"大清康熙年制"六字双
行楷书款识。

高 39.7、口径 19.0、腹径 22.0、底径 15.4 厘米。

陈设器。洗口，矮粗颈，鼓腹，高圈足外撇。釉面洁净光亮，青釉微泛绿，釉色清雅。通体饰大开片，颈肩处饰两象耳。酱色底。

清青釉开片坛

高 35.0、口径 12.3、腹径 25.0、底径 13.9 厘米。

盛器。胎体厚重。方唇，卷沿，短束颈，溜肩，椭圆腹，圈足。仿哥釉，器身满饰大开片，粉青釉面光泽莹润。酱色底。

清乾隆青花海水白龙纹天球瓶

高 50.0、口径 16.5、腹径 37.2、底径 20.0 厘米。

陈设观赏器。胎质细腻洁白,胎体致密。圆唇、直口、粗颈、丰肩、圆鼓腹、圈足。釉面光洁清亮,白釉微泛青,青花呈色稳定,蓝色纯正明快。口沿处饰一周回纹、颈肩腹部满饰海水游龙纹。九条矫健威猛的白龙上下翻滚,腾跃于波涛汹涌的海水中,画面气势磅礴。釉底,足沿露胎一周。

清乾隆蓝釉描金凤尾尊

高 37.9、口径 23.0、腹径 18.0、底径 13.5 厘米。

陈设观赏器。胎质细腻，胎体致密。大撇口，粗颈，鼓腹下敛，
圈足外撇。通体施蓝釉，闪烁着蓝宝石般的光泽。颈、腹部以
金彩各饰一组遥相呼应的龙凤纹，龙戏珠、凤回首，间饰火云纹，
胫部为竖线纹，底部不施釉。

清乾隆蓝釉描金洗口瓶

高 37.9、口径 23.0、腹径 19.0、底径 13.5 厘米。

陈设器。洗口，束颈，溜肩，圆腹，腹以下渐敛，圈足外撇。器外壁施蓝釉，内施白釉不到底。颈部为金彩锦地钱纹并附象鼻双耳；腹部以金彩饰博古图、竹图及《滕王阁序》。圈足斜削，底部不施釉。

清乾隆蓝釉描金双耳六方瓶

高 42.5、口径 12.0 ~ 16.0、通宽 21.8、底径 12.0 ~ 13.0 厘米。

陈设观赏器。六棱方瓶造型。方唇，平折沿，洗口，粗长颈、鼓腹斜下收，高圈足。通体施蓝釉，口沿、颈、肩、腹、胫部均以金彩绘饰。口沿为多组斜线水波纹；颈部为竹枝图、博古图、托钱纹，并附两螭龙耳；肩腹部为楼阁建筑图与《后赤壁赋》；胫部为竖线纹。足底不施釉。

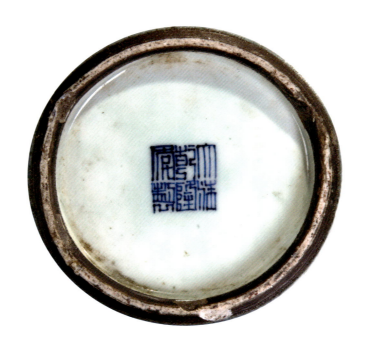

/ 清乾隆豆青青花五"福"纹盖罐 /————————

通高 24.0、口径 10.3、腹径 24.0、底径 10.0 厘米。

盛器。圆唇，直口，短颈，圆肩，圆鼓腹，圈足，附盖。青釉，盖顶部饰青花寿纹；肩部饰青花如意云头纹；腹部饰青花五"福"字纹。豆青釉面晶莹润滑，青花发色深沉。底部以青花书"大清乾隆年制"六字三行篆书款识。

清青花釉里红贯耳方瓶

高38.6、口径9.5～14.0、通宽21.0、底径9.0～13.5厘米。

陈设器。方瓶。方唇，平折沿，直口，粗颈，鼓腹，颈部附两贯耳，圈足微外撇。颈部前后面分饰青花釉里红梅枝图、折枝桃纹；腹部前后面均饰狮子滚绣球纹，两侧面则为小桥流水及梅枝图；胫部饰卷草纹。釉底，足沿露胎。

清孔雀蓝釉尊

高 39.0、口径 17.0、腹径 27.6、底径 14.3 厘米。

陈设器。撇口，粗颈，丰肩，最大腹径在肩下，圆腹斜下收，矮圈足。通体施孔雀蓝釉，釉面光亮，釉色翠兰明艳，颈、肩、腹、胫部均饰弦纹。釉底，足沿露胎。

清乾隆蓝釉金彩碗

高 8.3、口径 19.0、底径 8.2 厘米。

食具。敞口，深腹曲壁，圈足。内施白釉，外施蓝釉，并以金彩绘四组折枝花纹。足底部以青花书"大清乾隆年制"六字三行篆书款识。

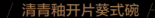

清青釉开片葵式碗

高 7.3、口径 11.9、底径 6.7 厘米。

食具。呈葵花瓣式。侈口，深腹弧壁，圈足。青釉泛灰，通体仿哥釉小碎开片，口沿饰酱釉一周。

清青花缠枝莲盘

高 6.8、口径 35.7、足径 22.3 厘米。

盛器。口微侈，深腹曲壁，圈足。白釉釉面光亮，青花发色浓艳深沉。盘内，口沿饰一周回纹，一周涡纹将腹壁与盘心分为两区，均饰缠枝莲纹；盘外壁口沿、胫部均饰一周涡纹，腹壁饰缠枝莲纹。足底不施釉。

清蓝釉盘

高 7.4、口径 41.3、足径 19.9 厘米。

盛器。圆唇，敞口，斜浅弧壁，平底，圈足。通体施蓝釉，釉色浓重匀净，釉面莹润；底部施白釉、足沿露胎。

食具。尖唇卷沿，深腹曲壁，圈足。通体施黄釉，色呈娇嫩鹅黄，
釉面匀净光亮。底部以青花书"大清嘉庆年制"六字三行篆书
款识。

清窑变釉灵芝形仿生瓶

高 32.7、通宽 22.3 厘米。

陈设观赏器。器呈灵芝造型。三个交叠的灵芝构成瓶口，几株
灵芝攀附瓶身。施窑变釉，蓝、红、紫釉变幻出灵芝的纹理，
形象生动逼真。

清粉彩插屏

通高 83.2、直径 46.0 厘米。

陈设器。圆形，松石绿釉地。整个屏面以粉彩装饰共分为六部分，由中心向边缘分别是：万寿团花纹圈带、四蝠纹方带、花蕊相间圈带、四对首相对尾相缠的小螭龙圈带、缠枝莲花圈带、如意云头纹圈带。

清道光五彩《水浒》人物瓶

高 46.0、口径 12.1、底径 11.1 厘米。

陈设器。撇口，粗直颈，溜肩，筒形圆腹斜收，圈足。该器胎体轻薄、胎质细腻、白釉釉面光亮。颈腹部以五彩绘主题纹饰《水浒传》一百单八将。先用墨彩勾勒，再填以红、绿、紫、赭、黄、蓝等色，色彩繁而不乱，画面层次感强，人物形象生动。釉底。

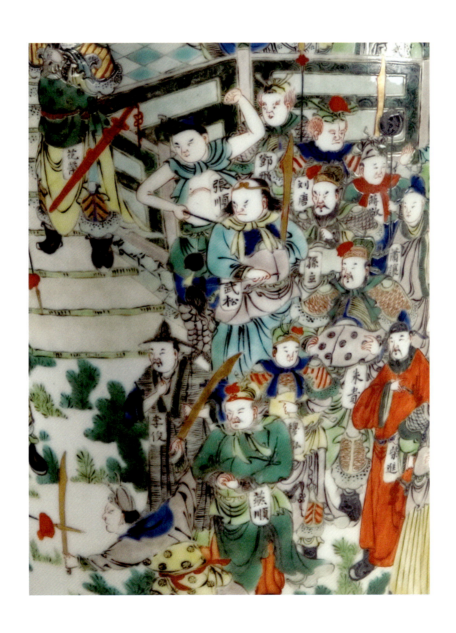

清道光窑变釉垂腹瓶

高 40.0、腹径 26.0、底径 15.6 厘米。

陈设器。方唇，直口，束颈，垂腹，圈足。红釉窑变，呈现出不规则蓝色火焰状流淌；口颈部因釉层薄，呈浅黄褐色。底部不施釉。该器物口部后被磨掉。

清道光矾红彩"福""寿"缠枝花纹套杯

最大者高 6.0、口径 10.15、底径 6.0；最小者高 2.5、口径 4.4、底径 2.6 厘米。

食具，套杯，共 9 件。敞口，深腹，腹壁斜直，圈足。胎体轻薄，白釉亮白。口沿描金一周，外壁满饰矾红彩缠枝莲纹与蝠纹，莲、蝠纹之间以金彩绘"福""寿"字；最小者杯内亦饰莲纹。最大者底部以红彩书"大清道光年制"六字三行篆书款识。

清茶叶末釉花盆

高 23.1、通宽 39.8 厘米。

花盆。大撇口，平折沿，直腹。外壁通体施茶叶末釉，釉色偏绿，
内壁施至口沿下。底部四足，足底不施釉。

清道光蓝地云龙纹盘

高 3.9、口径 23.2、底径 15.0 厘米。

盛器。口微侈，浅腹弧壁，矮圈足。蓝地。盘内纹饰为二龙戏珠，两条白龙以黄彩勾勒轮廓，龙纹间满饰大朵云纹；外壁口沿下绘红彩蝠纹。足底部中心为红彩书"大清道光年制"六字三行篆书款识。

清道光白地绿彩云龙纹盘

高 3.5、口径 23.2、底径 14.5 厘米。

盛器。葵花口，浅腹弧壁，圈足。口沿描金，盘内以绿彩绘二
龙赶珠纹，龙纹间饰火云纹；外壁口沿下绘红彩蝠纹。釉底，
底部以红彩书"道光年制"四字双行篆书款识。

清道光蓝地粉彩方瓶（一对）

高 25.2、口径 8.5、边长 11.8、底径 11.2 厘米。

陈设器。直口，短颈，平折肩，方腹，圈足。器内、胫部及足底施松石绿釉，器外肩腹部以蓝釉为地；以粉彩装饰，口沿处饰如意云头纹，器身共绘两组纹饰，一组为蓝地卷草纹中点缀蝠纹、铜钱纹、缠枝莲纹、托举的寿字纹、伞纹，另一组为蝠纹、钱纹和缠枝莲纹。圈足外壁绘花朵纹。底部以红彩书"大清道光年制"六字三行篆书款识。

清黄地粉彩凤穿牡丹纹盖罐（一对）

高 30.3、腹径 23.0、底径 14.5 厘米。

盛器或陈设器。丰肩，长圆腹微敛，圈足。通体施黄釉，底部施白釉。罐外壁主体图案绘粉彩凤穿牡丹花纹，辅以如意云头纹，变形仰莲瓣纹。釉底，足沿露胎。

清霁红釉冬瓜罐

高 31.0、口径 9.5、腹径 22.0、底径 15.2 厘米。

盛器或陈设器。圆钮小盖，罐体敛口丰肩，形似冬瓜，俗称冬瓜罐。通体施红釉，釉色均匀凝重。底部不施釉。

清青釉洗口兽耳尊

高 33.2、口径 15.5、腹径 23.0、底径 14.2 厘米。

陈设器。洗口，粗颈，小溜肩，圆腹，圈足。粉青釉，釉色清雅，釉面光亮莹润。通体开片，暗刻装饰。口沿外饰回纹，颈肩部两道凹弦纹之间为兽面纹，附有两衔环兽耳；颈、腹部为两组相对的夔龙纹。釉底，足沿露胎一周，有火石红痕迹；足底中心刻划"大明弘治年制"六字双行楷书款识。

清青花缠枝莲绣墩

高 45.0、面径 28.8、底径 28.8 厘米。

高坐具。鼓形，平顶，束颈，溜肩，圆腹斜下收，最大腹径在肩下。白釉釉面光亮，青花呈色稳定，清丽淡雅。器身满饰缠枝莲纹，平顶中心饰镂空钱纹，肩腹部为三组两两相交的镂空钱纹，下腹部则是三组束腰镂空与其上的镂空钱纹相交错。

清红釉瓶

高 36.4、口径 10.5、腹径 22.0、底径 13.0 厘米。

陈设器。敞口，长颈，溜肩，鼓腹，矮圈足。红釉釉色泛黑偏暗，
釉面呈牛毛一般的效果；口部因釉薄露胎，如同"灯草边"。
底部不施釉。

清雍正款青花朱龙盖碗

高 11.5、口径 17.1、底径 6.8 厘米。

食器。敞口，深腹弧壁，圈足。器盖呈拱形，带环形抓钮，子母口结构。内外施白釉，碗心绘龙纹，器盖及器身外壁均饰二龙追珠纹，龙纹均以矾红彩绘；多周弦纹、如意纹及胫部仰莲纹则以青花绘。底部及抓钮内以墨彩书"大清雍正年制"六字三行篆书款识。该器物应是光绪朝仿雍正朝之作。

清青釉开片堆塑龙纹瓶（一对）

高44.3、口径16.0、腹径21.5、底径14.0厘米。

陈设器。通体施青釉，满饰碎开片。撇口，粗短颈，小溜肩，圆腹斜下收，圈足外撇。口沿施酱釉；颈部附双耳，以折枝梅成形，酱枝白梅；腹部一面堆塑二龙戏珠纹，对面为展翅飞翔的鹭鸶。釉底，足沿露胎。

清青釉开片长颈瓶

高 37.4、口径 5.0、腹径 23.8、底径 14.0 厘米。

陈设器。圆唇，直口，细长颈，扁圆腹，圈足。青釉泛灰，器身满布细碎开片。釉底，足沿露胎。

清窑变釉长颈瓶

高 34.2、口径 6.5、腹径 24.8、底径 14.0 厘米。

陈设器。圆唇，直口，长颈，扁圆腹，圈足。因窑变使不同色
釉自然流淌，呈现出相互交融的红、蓝、月白等色。釉底，足
沿露胎。

清青花六方形博古图花盆

高 18.2、口径 24.5、28.0、通宽 28.0、底径 20.0、21.0 厘米。

花盆。方唇，直口微侈，直腹壁，平底，下承六个云头足。六面均饰青花博古图，青花发色或浅蓝中微泛紫，或局部呈黑褐色。底部不施釉。

清红釉仿木纹花盆

高 25.5、通宽 36.7、底径 28.0 厘米。

花盆。方唇，口微侈，直壁稍斜收，圈足。内壁口沿部分及外壁通体施仿木纹红釉，腹部及近底处各饰一周黄色叠压"人"字纹；内壁红釉口沿下为黄白釉斑驳杂间。整件器物装饰呈现出逼真的木质形态，甚至做出木裂的缝隙效果。

清蓝釉瓶

高 62.0、口径 22.0、腹径 27.0、底径 20.0 厘米。

陈设器。圆唇，洗口，溜肩，直腹，圈足。肩部附两兽耳，似
为两狮形兽，首相对，口与前肢拥球共戏一球。通体蓝釉，蓝
中微泛灰；釉底，足沿露胎。

清青花狮球纹绣墩

高 47.0、面径 30.0、底径 30.0 厘米。

高坐具。以青花绘饰各种纹饰，青花发色纯正浓艳。墩面中心稍内凹，绘方形四叶纹；腔壁上下各为一周乳丁纹，其间为主题纹饰——狮子滚绣球，两镂孔钱纹间各有一组狮子戏绣球图案，间饰云纹。

清青花五彩玲珑碟

口径 10.0、底径 4.8、高 2.7 厘米。

食具，套蝶。敞口、弧壁、圈足。施亮白釉，青花明艳微泛紫。口沿描金；内壁口沿下饰一周青花菱形纹，碟心以青花绘水中莲荷，偶有几枝莲叶以金彩绘出；两青花装饰带之间以红、浅绿等彩绘云气纹，柔和浅淡。外壁为梅花纹的玲珑装饰，施釉后呈剔透效果。底部以青花书"玩玉"二字楷书竖款。

清青花镂空帽筒（一对）

高 28.5、筒径 11.8 厘米。

置帽器具。筒形，器身以青花绘莲池图。釉底，底部中心以青
花书 "乾隆年制" 四字双行楷书款识。

清末民国仿明五彩人物将军罐（一对）

高 36.7、口径 17.0、腹径 27.0、底径 16.0 厘米。

陈设器。宝珠顶盖，直口，短颈，丰肩，鼓腹斜下收，平底。
白釉略泛灰，以五彩装饰。顶盖为婴戏图，器身通体绘骑马人
物图。砂底，局部有火石红。颈部以青花书"大明嘉靖年制"
六字楷书横款。

清嵌元钧釉瓷片木挂屏

纵 96.3 横 40.3 厘米。

木镶瓷。以木攒框嵌瓷片而成，共四条，顶端皆饰铜挂件。匠人巧妙利用瓷片之形状镶嵌，每条挂屏镶嵌元钧釉瓷十片。形态各异。钧瓷素有"纵有家财万贯，不如钧瓷一片"之说。此套挂屏收纳四十片钧瓷，片片带红，十分难得。

后 记

　　潍坊市博物馆与上海御承堂博物馆联合打造的《土与火的艺术》瓷器珍品展，历时两年有余，今终尘埃落定。期间，两馆工作人员都为此展不辞辛劳，付出了诸多心血。潍坊市博物馆办公室、陈列科、保管科、物管科、保卫科等诸多科室参与了此项工作；特别是潍坊市博物馆的吉树春、朱英、魏茜茜、郭晓普、郭伟、王国栋、巩世勇、田彬、武夫强、于璐、杨斐，以及上海御承堂博物馆的蔡暄民、蔡史印、唐小红等，他们从展览的策划、展品的选取、展览的设计、制作与布展等，亲力亲为，勤勉不怠，从而保证了展览的顺利完成。还有许多参与者恕不一一赘述，在此，谨向参与此项工作并付出艰辛努力的所有同志表示衷心的感谢。

　　作为一个制作精良的展览，它的面世得到了世人的广泛关注与高度赞扬，为使更多的人了解此展，我们特将其编辑出版成书，以飨读者。囿于学力所限，书中难免谬误，不当之处，敬请指正。

编　者